Dédié à Ayla

C'est un livre sur les cacatoès !

L'un des plus beaux oiseaux que j'aie jamais vus !

Les cacatoès sont originaires d'Australie,

Nouvelle-Guinée, Philippines,

L'Indonésie et les îles du Pacifique aussi !

Un groupe de cacatoès s'appelle un troupeau...

Un jeune cacatoès s'appelle un poussin.

Et maintenant, il est temps de...

SAUTE, SAUTE, SAUTE ET CRIE COMME UN CACATOÈS !

Les cacatoès peuvent être très curieux...

Mais pas aussi curieux qu'un chat !

Un jeune cacatoès peut pousser des cris très forts

Mais pas aussi fort que leurs parents !

Lorsqu'ils crient, tu devras peut-être te boucher les oreilles !

Parce qu'il est bientôt temps de...

SAUTE, SAUTE, SAUTE ET CRIE COMME UN CACATOÈS !

Les cacatoès aiment les mêmes aliments que nous, comme les bananes...,

Des fraises et des pommes...

Mais n'oublie pas d'enlever le cœur de la pomme !

Les cacatoès apprécient également les graines et les noix.

Les cacatoès appartiennent à la famille des perroquets.

Les cacatoès sont plus heureux lorsqu'ils sont avec toi...

Maintenant, prépare-toi car il est temps de...

SAUTE, SAUTE, SAUTE

ET TU CRIERAS COMME UN CACATOÈS !

NOUS

CACATOÈS!

SÉRIE DE SAUTS EN FRANÇAIS :
Sautez et dites Bouh !
&
Le Chat Qui A Dit Bonjour

Série Jump en anglais.

Saltear como caribú!
¡Saltea comme un canguro !
Saltear en el zoológico!
Sautez et dites P.U. !
Sauter et dire que c'est la Saint-Valentin
¡Pour les enfants aussi !
Saltee et cherchez un indice !
Sautez et dites joyeux anniversaire à vous !
Saltee para todo lo que sea azul !
Saltee, saltee et dites joyeuses Pâques !
Saltear et dites Cock-A-Doodle-Do
Saltear y cantar ¡Da-Do-Do-Do!
Sautez et demandez à qui ? ¿OMS?
Saltear et crier comme un cacatoès !
Sautez et demandez si c'est vous ou la brebis ?
Sautez et dites qu'il y a un Ewww dans
mon ragoût !
Sautez et dites joyeux Noël à vous !
Sautez et réjouissez-vous, bonne année!
Sautez et dites qu'il y a un Moo-Moo dans
¡Un tutu!

Sautez et dites qu'il y a un lièvre dans
mes cheveux !
Sautez et dites que ma tante a mangé
une fourmi !
Sautez et dites qu'il y a un oryctérope dans le parc
d'attractions !

SÉRIE APPLAUDIR:
APPLAUDISSEZ POUR 1 !
Applaudissez pour 2 !
Applaudissez pour 3 !
Applaudissez pour 4 !
Applaudissez pour 5 !
Applaudissez pour 6 !
Applaudissez pour 7 !
Applaudissez pour 8 !
Applaudissez pour 9 !

Autres livres pour enfants :
Les trois rochers
Billy Shakespeare
Billie Shakespeare
Apprenez à dessiner avec symétrie

Non-fiction
103 idées de collecte de fonds pour les parents
bénévoles auprès des écoles et des équipes

www.ingramcontent.com/pod-product-compliance
Lightning Source LLC
Chambersburg PA
CBHW051603120626
46551CB00013B/1654